BEI GRIN MACHT SICH IHR WISSEN BEZAHLT

- Wir veröffentlichen Ihre Hausarbeit, Bachelor- und Masterarbeit

- Ihr eigenes eBook und Buch - weltweit in allen wichtigen Shops

- Verdienen Sie an jedem Verkauf

Jetzt bei www.GRIN.com hochladen und kostenlos publizieren

Torsten Hauschild

Internetrecherche Computerviren

GRIN Verlag

Bibliografische Information der Deutschen Nationalbibliothek:

Die Deutsche Bibliothek verzeichnet diese Publikation in der Deutschen National-
bibliografie; detaillierte bibliografische Daten sind im Internet über http://dnb.d-
nb.de/ abrufbar.

Dieses Werk sowie alle darin enthaltenen einzelnen Beiträge und Abbildungen
sind urheberrechtlich geschützt. Jede Verwertung, die nicht ausdrücklich vom
Urheberrechtsschutz zugelassen ist, bedarf der vorherigen Zustimmung des Verla-
ges. Das gilt insbesondere für Vervielfältigungen, Bearbeitungen, Übersetzungen,
Mikroverfilmungen, Auswertungen durch Datenbanken und für die Einspeicherung
und Verarbeitung in elektronische Systeme. Alle Rechte, auch die des auszugsweisen
Nachdrucks, der fotomechanischen Wiedergabe (einschließlich Mikrokopie) sowie
der Auswertung durch Datenbanken oder ähnliche Einrichtungen, vorbehalten.

Impressum:

Copyright © 2004 GRIN Verlag GmbH
Druck und Bindung: Books on Demand GmbH, Norderstedt Germany
ISBN: 978-3-656-53325-2

Dieses Buch bei GRIN:

http://www.grin.com/de/e-book/37744/internetrecherche-computerviren

GRIN - Your knowledge has value

Der GRIN Verlag publiziert seit 1998 wissenschaftliche Arbeiten von Studenten, Hochschullehrern und anderen Akademikern als eBook und gedrucktes Buch. Die Verlagswebsite www.grin.com ist die ideale Plattform zur Veröffentlichung von Hausarbeiten, Abschlussarbeiten, wissenschaftlichen Aufsätzen, Dissertationen und Fachbüchern.

Besuchen Sie uns im Internet:

http://www.grin.com/

http://www.facebook.com/grincom

http://www.twitter.com/grin_com

Studienseminar Hannover
Für das Lehramt an berufsbildenden Schulen

Entwurf zum zweiten Unterrichtsbesuch

Studienreferendar:	Herr Torsten Hauschild
Hannover Seminargruppe:	63
Fachrichtung:	Informatik
Fachlehrer:	Keiner (eigenverantwortlicher Unterricht)
Klasse:	Fachgymnasium 11 E
Schule:	Friedrich-List-Schule Hildesheim (Telefon: 05121 - 171-0)
Unterrichtsfach:	Informationsverarbeitung
Unterrichtseinheit:	Informationsbeschaffung und -austausch mit dem Internet

Thema der Stunde:

Internetrecherche Computerviren

Datum:	10.05.2004
Zeit:	13:15 – 14:00 Uhr (7. Stunde)
Raum:	348 (Gebäude 3, 4.Stock)

1. Beschreibung und Analyse des Bedingungsfeldes

<u>1.1 Daten und Analyse der Kompetenzen der Klassen- und Schüler- und Lehrersituation</u>

Die FG 11 E ist eine Klasse von derzeit 20 Lernenden (nach 3 Abgängen im laufenden Schuljahr), die das Abitur 2006 anstrebt. Die Schülerinnen und Schüler[1] haben im August 2003 begonnen. Der Unterricht findet im Klassenverband statt. Lediglich einige Kurse werden im Kurssystem unterrichtet. Die Schüler haben nur in Ausnahmefällen in der 7. Stunde noch Unterricht.

Die Klasse besteht aus 12 Schülerinnen und 8 Schülern, die 16 bis 19 Jahre alt sind. Die Lernenden verfügen über den erweiterten Realschulabschluss, den sie entweder an einer Realschule oder durch den Umweg über die Höhere Handelsschule erworben haben.

Die **Fachkompetenz** der Schüler halte ich für befriedigend. Den meisten Schülern fällt es leicht am Rechner zu arbeiten. Als ich allerdings einen c't-Artikel über Spam mit den Schülern analysierte, offenbarten sich bei vielen Lernenden Verständnisprobleme. Alle Schüler haben einen PC zu Hause und der Umgang mit dem Internet ist für keinen völlig neu.

Bezüglich der unterrichteten Inhalte halte ich die **Methodenkompetenz** der Klasse für hoch. Die im Unterricht angewandten Methoden am Rechner erlernen die meisten Schüler schnell. Das Tempo mit dem die Schüler Aufgaben am Rechner lösen ist allerdings unterschiedlich.

Die **Sozialkompetenz** halte ich für befriedigend. Den Umgang der Lernenden untereinander schätze ich als gut ein, mit der Einschränkung dass das Konfliktverhalten mancher Lernender untereinander aus meiner Sicht Defizite aufweist. Unerfreulich waren auch Seitengespräche in Frontalunterrichtsphasen. Der Schüler Andreas Y. (es gibt zudem noch Andreas Z.) gilt als Störenfried. Sein Account wurde vom Schuladministrator wegen Verstößen gegen die Benutzerordnung für vier Wochen gesperrt. Er hat die Sperrung immer noch nicht aufheben lassen. Dies hat zur Folge, dass er in Moment nicht unter seiner Kennung am Rechner arbeiten kann. Ich rede die Schüler mit „Du" und Vornamen an, wogegen sie mich mit „Sie" und Herr Hauschild ansprechen.

---

[1] Im Folgenden vereinfachend als Schüler bezeichnet.

Meine Kenntnisse des Internet entstammen der privaten und beruflichen Nutzung dieses Mediums.

1.2 Institutionelle Rahmenbedingungen

Im Unterrichtsraum 348 sind nicht genügend Rechner vorhanden, so dass sich zwei Schüler einen Rechner teilen müssen. Die Computer sind an den Wänden angeordnet. In der Mitte des Raumes befinden sich Gruppentische für theoretischen Unterricht. Der Raum verfügt über Beamer, Projektor und ein Whiteboard. Die Rechner sind vernetzt. Aufgaben können über ein Tauschverzeichnis bereitgestellt werden. Der Internetzugang muss vom Lehrer freigeschaltet werden. Auf den Rechnern ist Office 2000 installiert. Zu Hause bereite ich mich mit Office XP vor. Im ersten Halbjahr haben sich die Schüler mit der Handhabung eines DV-Systems und Excel beschäftigt. Im zweiten Halbjahr haben Sie vor der aktuellen Unterrichtseinheit den Umgang mit einer Textverarbeitung erlernt.

2. Didaktisch-methodische Konzeption

2.1 Analyse der curricularen Vorgaben

Grundlage für die Planung der Unterrichtseinheit bildet die Rahmenrichtlinie für die Unterrichtsfächer Betriebswirtschaft mit Rechnungswesen/Controlling, Informationsverarbeitung und Volkswirtschaft im Fachgymnasium - Wirtschaft - des niedersächsischen Kultusministeriums (Stand Mai 2001). Der Hauptschwerpunkt dieses Lerngebietes liegt neben der Vermittlung von Grundlagenkenntnissen zum Internet bei der Internetrecherche. Im Unterricht sollen zielgerichtete Rechercheprojekte durchgeführt werden, die dem Erfahrungsbereich der Schüler entstammen.

Die weitere wesentliche Rechtsgrundlage zur Unterrichtsplanung ist der aktuelle Stoffverteilungsplan der Hildesheimer Friedrich-List-Schule. Dort ist „Informationsbeschaffung und -austausch mit dem Internet" Hauptbestandteil des Lerngebietes 4 für die 11. Klasse des Fachgymnasiums.

2.2 Beschreibung und Analyse der Thematik

Um den Lernenden die Lerninhalte zum Thema Internet nahe zu bringen, setze ich neben Textanalysen und dem Einsatz von Internetdiensten Internetrecherchen zu internetnahen Themen ein. In dieser Stunde erhalten die Schüler eine Fallstudie mit einer Internetrecherche über Computerviren, Cookies, Trojaner und Würmer. Dabei kommen verschiedene Suchmaschinen zum Einsatz. Einige Suchmaschinen werden manche Lernende das erste Mal einsetzen, da sie vorwiegend Google einsetzen. Die Schüler müssen den Umgang mit dem Internet in ihrer weiteren schulischen Laufbahn, bei einer späteren Berufsausbildung oder einem Studium beherrschen, um sich benötigte Informationen beschaffen zu können. Auch im privaten Bereich sind ihnen die Unterrichtsinhalte nützlich. Für den Themenbereich Internet sind 20 Unterrichtsstunden vorgesehen.

2.3 Einordnung der Thematik in die Unterrichtseinheit

Datum	Min.	Unterrichtsinhalte
26.04.04	45	Textanalyse „Der Spam-Rubel rollt weiter" aus der c't
28.04.04	90	Abschluss des Themenbereiches Spam; Besprechung des Textes „Suchstrategien im Internet"; Beginn Internetrally (Internetrecherche zu internetnahen Themen)
3.05.04	45	Fortsetzung Internetrally
5.05.04	90	Abschluss Internetrally mit Präsentation, Besprechung und Diskussion

2.4 Lernziele und Handlungskompetenzen

Stundenlernziel:

Die Lernenden sollen sich im Rahmen einer Internetrecherche mit Computerviren, Cookies, Trojanern und Würmern auseinandersetzen.

Fachkompetenzen:

Die Schüler sollen...

... den Umgang mit Suchmaschinen verbessern.

... verschiedene Suchmaschinen kennen lernen.

... Computerviren, Cookies, Trojaner und Würmer abgrenzen.

... die Gefahrenpotentiale von Computerviren, Cookies, Trojanern und Würmern erkennen.

Methodenkompetenzen:

Die Schüler sollen...

... den Browser nutzen.

... Suchstrategien im Internet anwenden.

... ihr Textverständnis verbessern.

... wesentliche Informationen von unwesentlichen trennen.

... ihre Arbeitsergebnisse erörtern.

Sozialkompetenzen:

Die Schüler sollen...

... ihre Teamfähigkeit durch Partnerarbeit verbessern.

... durch gegenseitige Unterstützung ihre Hilfsbereitschaft kultivieren.

3. Geplanter Verlauf der Unterrichtsstunde

Zeitver- lauf (Min.)	Phase	Lernziel	Unterrichtsverlauf	Material/Medien
0-10	Einführung		Referendar begrüßt Schüler und stellt Gast vor.	Arbeitsblatt, PC
	Problemanalyse	Erkennen der Aufgabenstellung	Überprüfung der Anwesenheit, Klärung der Aufgabenstellung zur Internetrecherche Computerviren, Inbetriebnahme der Rechner;	
11-30	Problemlösung	Schüler verbessern den Umgang mit Suchmaschinen, Lernende grenzen Computerviren, Cookies, Trojaner und Würmer ab;	Lernende führen die Internetrecherche durch und füllen das Arbeitsblatt aus.	Arbeitsblatt, PC, Browser
31-45	Besprechung & Abschluss	Arbeitsergebnisse erörtern	Besprechung der Ergebnisse mit Visualisierung am Projektor Lehrer macht sich Notizen zur Mitarbeit in der abgelaufenen Stunde.	Projektor

4. Quellenverzeichnis

Die ursprüngliche Aufgabe entstammt der CD-ROM „Eco" (Sammlung von Unterrichtsunterlagen zum Thema Internet). Die Vorlage wurde abgewandelt.

5. Anlagen

Aufgabenblatt

Internetrecherche Computerviren

Ihr Vorgesetzter in ihrem Betrieb hat auf einer Fortbildung erstmals von **Computerviren, Cookies, Trojanern** und **Würmern** gehört. Er möchte nun genauer wissen, worum es sich dabei handelt und ob damit eine Gefahr für seinen Betrieb verbunden ist. Er beauftragt Sie Näheres darüber herauszufinden und ihm seine Ergebnisse in einer Präsentation vorzustellen.

Sie entschließen sich zu einer Internetrecherche. Dokumentieren Sie Ihr Vorgehen.

Suchma-schine	Suchbegriff	Ergebnis der Suche
Lycos		
Google		
Fireball		
Abacho		
Yahoo		
Altavista		
Metager		